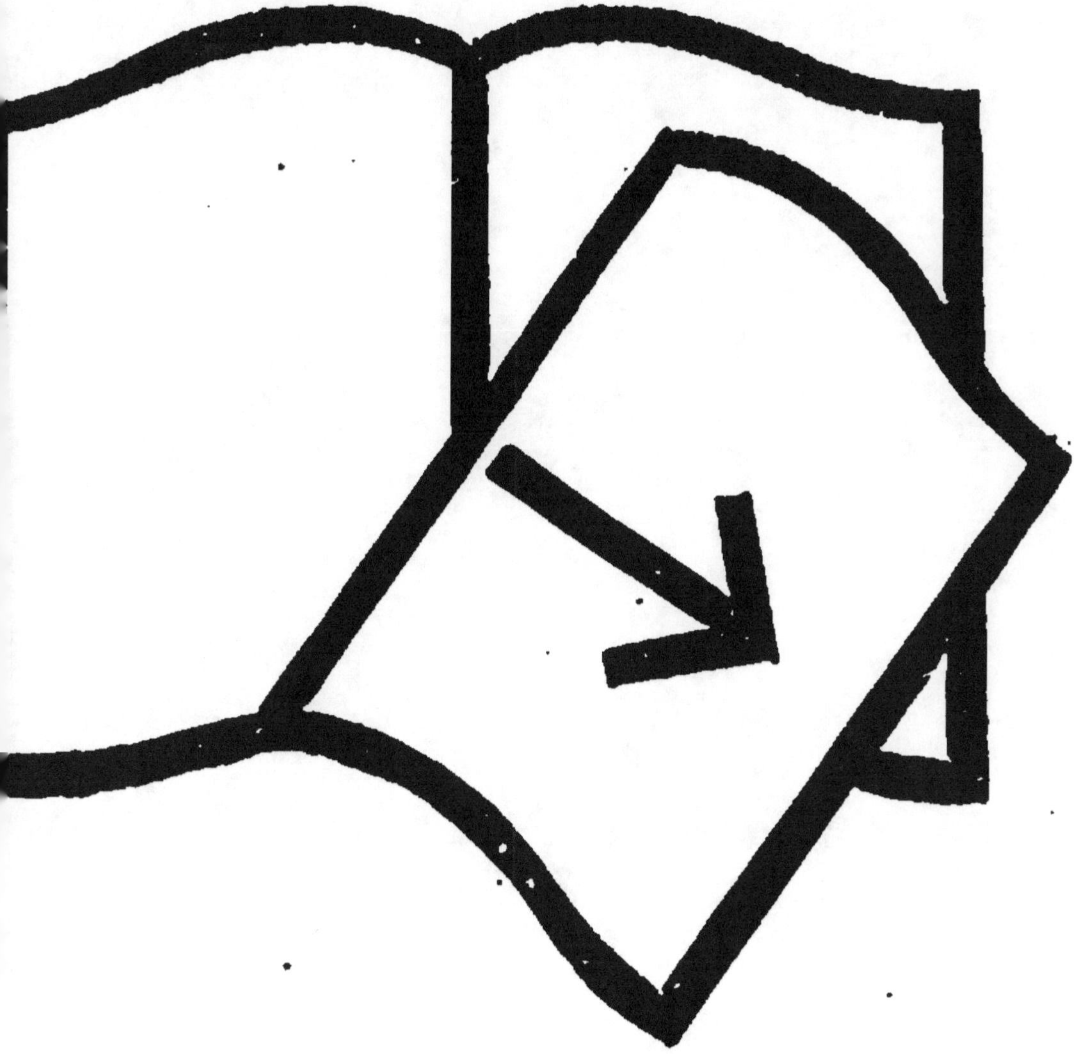

Couvertures supérieure et inférieure
manquantes

L'ÉGLISE SAINT-MARTIN

DE

DOULLENS,

DEPUIS LA FIN DU XVe SIÈCLE

JUSQU'A NOS JOURS,

Par M. H. DUSEVEL,

INSPECTEUR DES MONUMENTS HISTORIQUES DU DÉPARTEMENT DE LA SOMME,
PRÈS LE MINISTÈRE DES BEAUX-ARTS, OFFICIER DE L'INSTRUCTION
PUBLIQUE, MEMBRE DE PLUSIEURS ACADÉMIES
DE FRANCE ET DE BELGIQUE.

AMIENS,

IMPRIMERIE DE LENOEL-HEROUART,

IMPRIMEUR DE L'ÉVÊCHÉ,

RUE DES RABUISSONS, 30.

—

1866.

A Monsieur

Jean-Baptiste-Augustin FOLLET,

Archiprêtre, Chanoine honoraire et Curé-Doyen de Doullens.

Hommage d'un ami de l'art religieux,

Au Pasteur zélé et généreux qui contribua efficacement
à la décoration, en vitraux peints, des fenêtres de
l'église Saint-Martin de cette ville.

H. DUSEVEL.

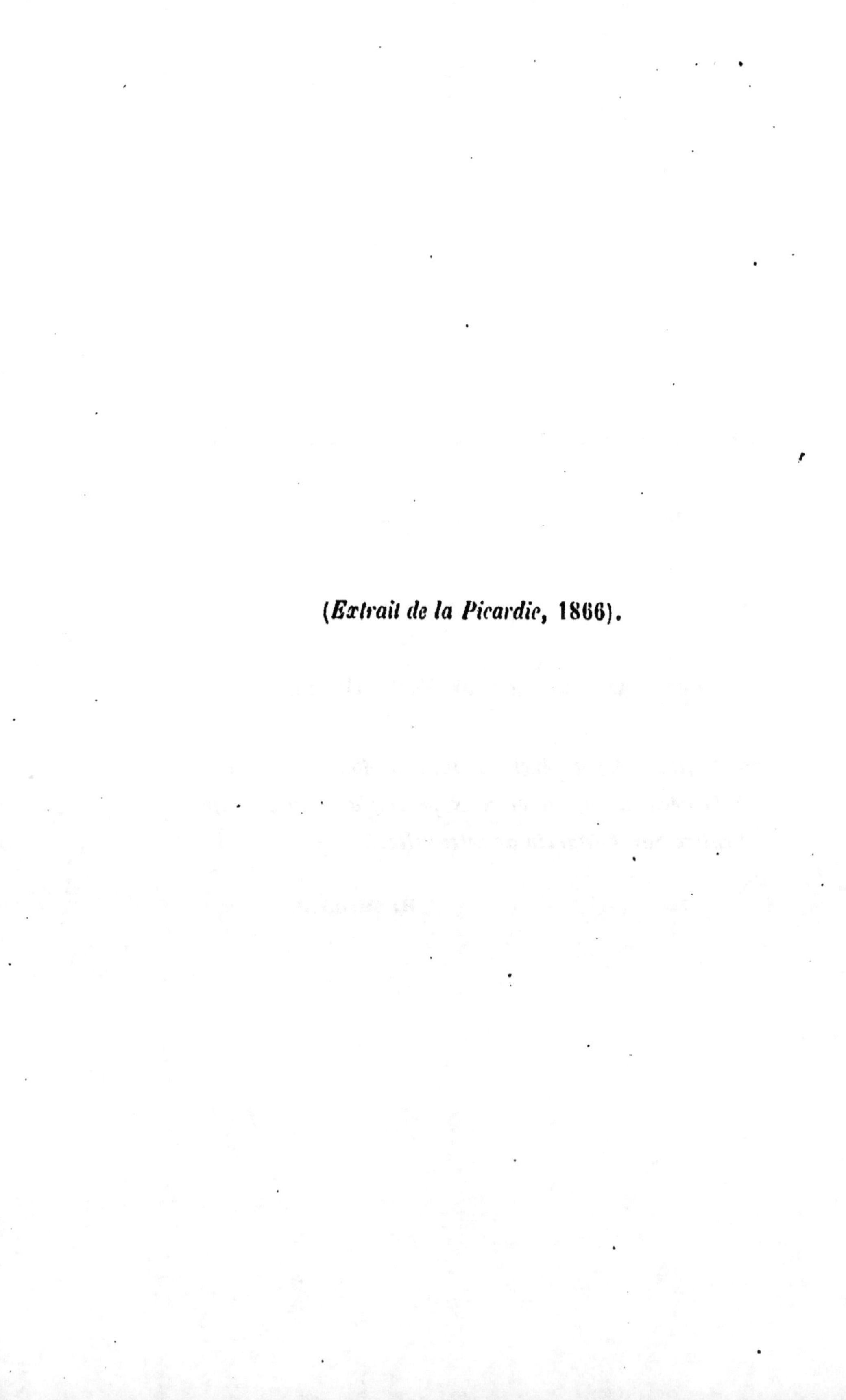

(Extrait de la Picardie, 1866).

L'ÉGLISE SAINT-MARTIN

DE DOULLENS,

DEPUIS LA FIN DU XVe SIÈCLE JUSQU'A NOS JOURS.

I.

A l'extrémité d'une rue étroite et vis-à-vis la place où l'on vend le blé, s'élève l'*église Saint-Martin de Doullens*. C'est maintenant la seule paroisse de cette ville. Son origine n'est pas connue : on croit qu'elle remonte au XIIe siècle (1), mais les constructions actuelles ne datent certainement pas de cette époque. L'incendie, la guerre et le temps ont occasionné tant d'altérations dans l'architecture et la forme primitive de l'édifice, qu'un œil exercé peut à peine distinguer les différents siècles auxquels remontent les parties principales de cette curieuse église.

On achevait en 1495 la tour de l'ancien clocher avec l'argent que Lancelot de Bacouel, receveur du Ponthieu, avait donné afin de fonder à Saint-Martin un salut solennel en l'honneur de Dieu et de la sainte Vierge, et qu'il fut dit un *De Profundis pour le repos des trépassés.* Il paraît que cette

---

(1) Les notes se trouveront à la fin de l'ouvrage.

tour était fort belle, quoiqu'elle n'eût pas de flèche, soit que l'on ait cru prudent de ne pas la surcharger de cet ornement aérien, soit que malgré le don de Lancelot de Bacouel, le manque de fonds eut empêché de compléter l'œuvre.

L'église Saint-Martin fut reconstruite presque en totalité vers 1538. Un incendie arrivé en 1522, à la suite de la prise de la ville par l'ennemi, avait dévoré les combles, calciné les pierres de la galerie qui surmontait l'ancien clocher et ébranlé les murs de la basse nef du côté droit, au point qu'ils menaçaient ruine. Pour réparer le dommage on fit venir d'Amiens à Doullens un homme habile, Jean Bulant, qui était alors chargé de la conduite de travaux de la cathédrale. Il visita attentivement l'église Saint-Martin et indiqua les parties qui devaient être reconstruites, en même temps que celles qu'on pouvait conserver. Le bas-côté droit fut rétabli en entier, d'après le dessin ou *pourtrait* de Bulant. Ce bas-côté est, selon nous, le même que celui qu'on voit encore aujourd'hui, et dont on admire avec raison, l'ordonnance et les contre-forts ornés de doubles niches, pour en dissimuler l'épaisseur.

Les maçons chargés de sa construction s'appelaient Jean de Hainault et Jean Robart. Tous deux habitaient Doullens, où il y avait encore à cette époque, des artisans habiles. On leur paya, pour cet ouvrage et le parvis du petit portail, une somme de 104 livres 2 sols tournois.

Six cent trente-neuf pieds de grès furent alors employés aux réparations de l'église saint-Martin. Peut-être servirent-ils au rétablissement des piliers actuels, qui soutiennent les retombées des anciennes voûtes de la nef.

Quelques années plus tard, en 1553, une nouvelle catastrophe vint fondre sur cette église. La grosse tour du clocher qui s'élevait majestueusement au centre de la croisée, la même probablement que celle qui avait été achevée avec les fonds provenant de la fondation de Lancelot de Bacouel, eut à soutenir un siége en règle contre les impériaux qui s'étaient emparés de Doullens. Celle tour fut abattue, ainsi que d'autres parties de l'édifice. Le dégât fut tel qu'on dut étayer le peu qui en restait, pour l'empêcher de s'écrouler. Jean Bulant fut encore appelé afin d'examiner ce qui était à faire pour prévenir la ruine entière de l'église Saint-Martin. Cet architecte s'acquitta de celle mission délicate en homme habile, à la satisfaction de tous les paroissiens.

En 1578, les voûtes au-dessous du clocher et celles des chapelles étant à reconstruire, on fit dans la paroisse une quête qui aida beaucoup les marguilliers à payer la dépense assez considérable, occasionnée par celle reconstruction.

Deux ans après il fallut songer à recouvrir la nef, le chœur et le clocher de l'église Saint-Martin. On acheta, à cet effet, des ardoises à Arras, chez Laurent Neveux; ces ardoises coûtèrent une somme importante pour le temps : 586 livres 6 sols tournois.

En 1595, Saint-Martin essuya un dégât d'autant plus regrettable qu'il ne put être réparé de sitôt; l'artillerie de l'armée Espagnole, qui assiégeait Doullens sous le commandement du comte de Fuentès, lança contre celle église une grêle de boulets qui endommagèrent grandement son portail, ses pignons, ses voûtes et ses piliers. Ce ne fut qu'en 1606, c'est-à-dire lorsque la ville eut été délivrée du joug de l'étranger, au moyen du traité de paix de Vervins, qu'on pût songer à faire disparaître les brèches et les trous que les coups de canons avaient causés presque partout. L'abbesse de Saint-Michel fournit généreusement la pierre employée à cet ouvrage. Guillaume et Nicolas Daullé, maîtres maçons, reçurent 30 livres 16 sols pour avoir raccommodé et rebouché les brèches et trous de l'église Saint-Martin, où le service divin avait même cessé.

Depuis et jusqu'à l'époque de la Révolution, on exécuta encore bien des travaux à cet édifice. On restaura aussi les piliers et contre-forts à l'extérieur en 1697; mais ce travail fut fait avec peu de soin et de goût, car le règne du style gothique était passé, et l'on se permettait, comme on peut le voir par le haut des trois porches de la façade, des modifications, des changements dans l'architecture des monuments, qu'on ne saurait trop blâmer.

En 1758, on fit quelques réparations au clocher et l'on y mit un nouveau coq, acheté à la veuve Benoît 100 sols, plus le vieux coq qu'on lui céda.

Dès l'année 1685, on avait commencé le plafond ou lambris cintré de la voûte de la nef, à laquelle il était survenu de grands dommages pendant le siège de la ville par les Espagnols. Jacques Dequen et Jean Crampon reçurent 88 livres pour le prix de quatre cents feuillets de chêne employés à ce plafond, et l'on paya 1° à Réné Martin et François Delattre, charpentiers, la somme de 22 livres pour le prix de 31 toises de menuiserie faites au lambris de la nef; 2° et à Jacques Jacquet, menuisier au bourg de Frévent, pour avoir achevé ce travail, à partir du crucifix existant à l'extrémité de la nef jusqu'à la vitre du grand portail, et façonné le pignon de charpente, au-dessus de ce crucifix, une autre somme de 63 livres. Cet important ouvrage fut sans doute donné au rabais; autrement on ne comprendrait point comment il ne se serait pas trouvé alors à Doullens de menuisier capable de l'exécuter.

Les voûtes des chapelles *Saint-Nicolas* et de la *Sainte-Vierge* furent restaurées à diverses reprises, notamment en 1652, 1706 et 1709. Outre ces chapelles, l'église Saint-Martin en avait une autre sous l'invocation de *Saint-Adrien*; comme nous l'avons dit, cette dernière chapelle ne se voit plus dans cette église: il en est de même de celle de *Saint-Roch*, qu'on croit avoir été remplacée par la chapelle de la Sainte-Vierge. En 1655, Jacques Quillet peignit la table d'autel et les images de cette chapelle de Saint-Roch avec beaucoup d'habileté.

Le pavé de la nef était autrefois couvert d'épitaphes, consacrées à la mémoire des habitants de Doullens que l'on avait inhumés dans l'église Saint-Martin. Il fut renouvelé vers 1666. Ce renouvellement fit disparaître plusieurs tombes en marbre et en pierre, ornées de figures de prêtres, de magistrats, de riches bourgeois dont l'aspect excitait à la piété et à la prière, pour les générations passées. On ne saurait dire combien de morts recouvraient ce pavé : dans une seule année on en faisait quelquefois l'ouverture pour enterrer plus de vingt-cinq personnes. En 1682 on inhuma sous ce même pavé, entr'autres corps, celui d'un capitaine au régiment d'Anjou; celui d'Antoine Damiette, entrepreneur des réparations des fortifications de Doullens; celui de Jean Gigault, receveur des consignations de la prévôté de cette ville, et celui d'un maître d'hôtel du sieur de Marcogne, ci-devant commandant de la citadelle.

Au XV⁰ siècle, l'église Saint-Martin possédait, pour ses enterrements, un drap d'or fort précieux, ce qui prouve encore que la couleur noire n'était pas alors la seule qu'on employât dans les cérémonies funèbres.

De belles vitres peintes décoraient au XVI⁰ siècle les

fenêtres du portail, de l'abside et des chapelles de la *Sainte-Vierge* et de *Saint-Nicolas;* plusieurs de ces vitres étaient très remarquables par leur coloris brillant et la pureté du dessin. On distinguait surtout celle placée au-dessus du grand autel, qui charmait les regards des pieux Doullennais. Elle représentait, au centre, la reine du ciel, et sur les côtés, des scènes tirées du livre du cantique des cantiques; au bas se voyaient deux priants à genoux et les mains jointes, selon l'usage du temps: c'étaient honorable homme M° Jean Brunel, receveur pour le roi des aides et tailles de l'élection de Doullens, et Marguerite Cazée, sa femme, qui avaient donné 50 livres tournois à l'église pour aider à faire faire cette superbe verrière.

Celle de la *chapelle de Saint-Adrien,* qui avait été exécutée comme la vitre de l'abside, par Martin de Caulmont, peintre verrier demeurant à Doullens, prouvait également le talent de cet excellent artiste; elle offrait, sous de religieux emblèmes, une curieuse représentation du *Saint-Sacrement de l'autel.* Il s'y trouvait aussi deux priants destinés à rappeler le souvenir d'Antoine Houbart et Colaie Taille, sa femme, paroissiens de l'église Saint-Martin, qui avaient fait don de 10 livres tournois pour contribuer à l'exécution de ce beau vitrail.

On travaillait chaque année aux verrières de l'église de Doullens, à cause des dommages que leur faisaient éprouver les vents et la grêle. Parfois les restaurations étaient coûteuses et c'est ce qui arriva en 1570, 1580, 1606, 1628 et 1652. Pendant les travaux on bouchait les fenêtres avec des roseaux, parce que sans doute il en coûtait moins que si l'on eut employé de la toile ou des planches pour en fermer les baies.

La nef de l'église était séparée du chœur et des bas-côtés par une clôture en bois, fort élégante, et par un beau crucifix qui s'élevait presque jusqu'à la voûte. Ce pieux morceau de sculpture consistait en une longue poutre avec arabesques, ornée des images du Christ expirant sur la croix, de sa sainte Mère et du disciple bien-aimé, placés debout au pied de cette croix. Un artiste appelé Jaquelle avait peint et doré, moyennant 12 livres, ces curieuses images, qui ont disparu de Saint-Martin ainsi que beaucoup d'autres objets intéressants.

Il se trouvait aussi, dans la nef de cette église, des bancs plus ou moins ouvragés. Les menuisiers de la ville avaient cherché à se surpasser les uns les autres dans l'exécution de ces bancs. On les louait pour la plupart aux riches paroissiens de Saint-Martin. Ils étaient ordinairement affermés au plus offrant, vers le milieu du XVIII° siècle. En 1733, la fabrique reçut en effet 4 livres 10 sols d'Antoine Savary, pour la location d'un banc posé vis-à-vis la statue de *Jésus flagellé*. La même année un sieur Campion lui paya 14 livres 19 sols 6 deniers pour s'être rendu adjudicataire d'un autre banc, tenant à la grille de la *chapelle Saint-Roch*. L'usage de louer ainsi les bancs existait surtout en 1736, et l'on voit cette année là M. Lucet payer jusqu'à 18 livres une place qui était la troisième dans le chœur, à côté de M. le Curé.

En 1698 on résolut de décorer d'un lambris le chœur de l'église Saint-Martin. La fabrique n'ayant pas alors les fonds nécessaires pour l'exécution de ce lambris, eut recours à la *confrérie du Saint-Sacrement*, érigée dans cette église, qui lui donna 80 livres.

Le grand autel avait une table fort remarquable; elle était enrichie de l'*Histoire de la Passion*, sculptée par Jean de Fransières, habile entailleur d'images de la ville d'Amiens.

En 1606 on peignit et dora cette table d'autel, ainsi que le tabernacle et la crosse qui la surmontaient; puis on représenta sur les côtés, plusieurs traits de la *vie de saint Martin*, patron de l'église. Un peu plus tard, on plaça auprès de cet autel deux colonnes de marbre, au haut desquelles on mit des anges qui paraissaient en adoration devant le *saint des saints*. Tout ce travail était fort beau. Les Doulennais n'en conservent plus que le souvenir; aucun dessin, aucune gravure ne l'ayant reproduit pour nous en donner au moins une idée.

Plusieurs statues des saints patrons des confréries ou corporations d'arts et métiers qui faisaient célébrer leurs messes à Saint-Martin, enrichissaient les chapelles de cette église. Ici c'était celle de *saint Nicolas*, patron de la célèbre confrérie de ce nom existant à Doullens, qui frappait les regards : là, celle de *sainte Catherine*, patronne des jeunes filles qui se montrait un peu plus loin.

Sous les dais tors des piliers de la nef on distinguait également les images de *saint Adrien*, qui était fort révéré par les bouchers de cette ville, de *sainte Cécile*, que les musiciens avaient choisie pour patronne, de *saint Eloi*, le saint par excellence des orfèvres et forgerons, et de *saint Arnoult*, patron des brasseurs.

L'image de *saint Martin* donnant la moitié de son manteau à un pauvre, près de la *Porte-aux-Jumeaux* d'Amiens, figurée par des tours, était peinte et dorée; elle avait beaucoup de célébrité parmi les dames de Doullens, qui faisaient constamment brûler des cierges en l'honneur du pieux évêque de Tours. Il ne reste malheureusement que la tête du cheval sur lequel ce saint, d'abord officier romain, était monté. Le vandalisme révolutionnaire ne l'a pas épargné, au grand regret des hommes religieux du temps.

On voyait en outre, à *Saint-Martin*, quelques figures de saints d'une matière plus précieuse, c'est-à-dire en argent : telles étaient celle de *saint Adrien* et de M^r *saint Martin*. Dans les moments de gêne, les marguilliers donnaient ces curieuses images en gage aux paroissiens qui voulaient bien prêter pour subvenir aux nécessités de leur église. Pourquoi faut-il que ces images, dont la plupart étaient des œuvres d'art très remarquables, ne se retrouvent plus aujourd'hui dans notre église ? Des hommes pusillanimes s'empressèrent, dit-on, par peur, de les envoyer à la monnaie, lorsqu'on dépouillait nos temples de leurs richesses, de leurs curiosités.

Quatre cloches harmonieuses garnissaient le clocher de Saint-Martin aux XVIe et XVIIe siècles ; c'était un charme de les entendre, lorsqu'on les sonnait aux principales solennités religieuses, pour convier les paroissiens de cette église au divin sacrifice. Nous possédons de curieux détails sur la fonte d'une autre cloche en 1618. Ils nous apprennent ce que l'on paya au fondeur, ce que coûtèrent l'argile et les *œufs* employés au moule de cette cloche, et le prix des briques qui servirent au fourneau. La grosse cloche fondue plus tard, par Louis Leguay, est probablement celle dont parle une inscription gravée sur la pierre, à l'extérieur de l'abside de Saint-Martin et devenue presque illisible.

Cette église possédait beaucoup de reliques ; elle en prêtait chaque année au seigneur d'Hamencourt, pour les exposer dans la *chapelle de saint Julien*, le jour de la fête du saint ; elle avait aussi des vases sacrés et des vêtements sacerdotaux très riches. Quelques-unes de ses chapes en drap d'or et en damas blanc, étaient ornées de la représentation brodée de *saint Martin* ou de l'image d'autres saints qu'on révérait dans la même église.

On disait à Saint-Martin des messes *tardives* ou *paresseuses* les lundi et jeudi à dix heures du matin, et une messe *matineuse* chaque jeudi à six heures aussi du matin. Indépendamment de ces messes, il y en avait d'autres de *saint Adrien*, de *saint Roch*, de *saint Crépin*, de *saint Cosme* et *saint Damien*; elles avaient été fondées par des bourgeois de Doullens. On célébrait également, dans Saint-Martin, des services de *sainte Anne*, de *sainte Cécile*, de *sainte Marguerite* et de *sainte Catherine* : on devait ces deux derniers à la dévotion de Mlle Marguerite Brisse.

Les quêtes étaient nombreuses à Saint-Martin : il s'en faisait aux saluts du *Saint-Sacrement*, de la *sainte Vierge*, de *saint Martin*, des *pèlerins de saint Nicolas*, etc.

Des dames et demoiselles des premières familles de Doullens, telles que Mmes Lucet et Le Correur; Mlles de Rimbert et de la Neuville, quêtaient à l'envi pendant toute l'année, sans craindre la fatigue, pour la décoration de la chapelle de la mère de Dieu. Chacun, alors, s'empressait de donner à ces dames et demoiselles qu'on regardait comme les plus pieuses, les plus modestes et les plus belles de la ville. Il est fâcheux que l'on ait abandonné cette louable coutume de nos jours par respect humain, par morgue ou par ton, comme si tout sentiment d'orgueil ne devrait pas disparaître, lorsqu'il s'agit de faire appel à la charité de ses compatriotes.

Il serait difficile de dire combien d'objets précieux étaient légués annuellement à l'église Saint-Martin par les paroissiens et les paroissiennes avant leur mort, au moment suprême de paraître devant Dieu. Tantôt on laisse à cette église, par testament, une robe de drap noir, *fourrée de blancs agneaulx;* tantôt c'est un chaperon, aussi en drap, qu'on lui donne; d'autres fois, c'est une brillante ceinture de soie, enrichie de feuillages d'argent, ou un chapelet en *jaiet* avec un chef de saint Jean en argent, qui lui sont légués, ou bien encore une épée à fourreau doré qu'on lui délaisse : le tout afin d'avoir part aux prières, aux recommandations que l'on faisait dans cette église, à certains jours, pour les âmes des défunts.

L'église Saint-Martin percevait, d'ailleurs, des cens assez considérables sur plusieurs maisons de la ville. Les noms de quelques-unes de ces maisons à usage d'hôtellerie, sont parvenus jusqu'à nous. Nous citerons seulement ici celles du *Heaume*, de l'*Ecu de France* et de l'*image saint Adrien* qu'on voyait sur la place du bourg ; celle du *Dauphin*, qui se trouvait dans la rue Marjolaine ; celle du *Bœuf couronné*, existant rue des Maizeaux et celle de la *Lune* qui était dans la rue Saint-Ladre, presque vis-à-vis le *Petit-Cercamps*. Les historiens de Doullens ne parlent pas de ces hôtelleries, sur lesquelles il y aurait, cependant, bien des choses intéressantes à dire.

La même église recueillait encore une grande quantité de blé des terres qu'elle possédait aux villages de *Hem* et de *Boucqmaison*. Ces terres lui avaient été données pour la fondation de messes et d'obits. Par un sentiment de justice qui fait honneur à la fabrique, lorsque la guerre venait à priver les fermiers de l'église Saint-Martin d'une notable partie de leurs récoltes, les marguilliers consentaient généreusement à leur faire remise du tiers et quelquefois de la moitié de leur redevance. C'est ainsi qu'en 1538 Jean Defontaine fut tenu quitte de quatre setiers huit boisseaux de blé, qu'il devait à l'église Saint-Martin, pour son fermage des terres labourables de cette église, pendant l'année 1536, *attendu qu'il n'avait rien pu mettre sur ces terres à cause du camp établi par le roi au village de Hem*, et en considération des pertes qu'il avait essuyées.

L'église Saint-Martin touchait, en outre, dans le XVII° siècle, le loyer d'un vaste bâtiment servant d'écurie aux gouverneurs de la ville. Cette écurie, qui était située rue des Maizeaux, ne produisait presque plus rien à la fabrique dans les derniers temps de son existence. Les gouverneurs, quoiqu'ils y logeassent leurs chevaux, refusaient souvent d'en payer la location. Le duc de Chaulnes, en 1658, et le marquis de Baule, en 1673, rejetèrent bien loin, et avec un insultant mépris, les réclamations que les marguilliers de la paroisse leur adressèrent à cet égard. Le marquis de Baule fit même entendre contre eux des menaces que n'eût pas dû se permettre un grand seigneur, un officier général des armées du roi.

Tous ces affligeants débats n'eurent un terme qu'après que la ville, sur l'invitation de l'intendant de Picardie, eut pris l'engagement de payer annuellement le loyer de ces écuries aux marguilliers et curé de Saint-Martin, au lieu et place des gouverneurs de Doullens.

Il existait encore une autre source de revenus pour l'église en question. C'était *le droit de maîtrise* que devaient verser ceux qui se faisaient recevoir *brasseurs* dans la ville. Ce droit s'élevait à *six livres* quand le récipiendaire n'était pas fils de brasseur, et à *soixante sols* seulement lorsque l'aspirant pouvait établir que son père avait exercé ce métier. L'origine de cette redevance, assez extraordinaire envers saint-Martin, provenait du consentement que le clergé de l'église avait donné aux maîtres brasseurs de Doullens, de pouvoir faire poser un tableau de *saint Arnoult*, leur patron, non loin de la *chapelle du Sépulcre*, laquelle se trouvait derrière celle de saint Nicolas et sert aujourd'hui de sacristie aux chantres.

L'église Saint-Martin conserva jusqu'à la Révolution de

curieux usages : pendant la *semaine sainte,* appelée autrefois la *semaine peneuse,* on couvrait la chaire du prédicateur d'une pièce d'étoffe noire, au milieu de laquelle était peint en blanc un grand crucifix. On tendait de noir le sépulcre dont on vient de parler et l'on y faisait brûler quantité de cierges, ce qui présentait l'aspect d'un véritable mausolée. Avant ce beau sépulcre qui fut donné à l'église Saint-Martin par Jean Boulliet et Nicolas Roussel en 1585, comme le constate l'inscription qu'on lit au bas, il devait en exister un autre au même endroit. On voit, en effet que Jean Potier, peintre et tailleur d'images, avait mis au-dessus de la porte de cet ancien sépulcre, les figures de *Pilate,* d'un *Tyran* et d'une *sainte Barbe,* dans le cours de l'année 1538.

Aux fêtes de la Pentecôte on jetait au peuple, dans l'église Saint-Martin, comme dans plusieurs autres édifices consacrés au culte, des oublies du haut de la voûte du chœur; on lâchait en même temps une blanche colombe pour figurer la descente du Saint-Esprit sur les apôtres.

Le jour du Saint-Sacrement on dressait un reposoir magnifique dans la *chapelle de la sainte Vierge,* et l'on couvrait de fleurs et de branches d'arbres les murs de cette église.

Chaque année le Curé de Saint-Martin faisait une procession appelée procession de *Cocqueville,* pour rendre grâce à Dieu du danger que l'on avait évité, lorsque le chef de Huguenots de ce nom s'était présenté devant Doullens pour s'emparer de la ville.

A la Saint-Martin d'été on allumait un grand feu devant le portail de l'église, avec le bois recueilli la veille chez les principaux paroissiens : ce qui restait de ce bois était ensuite vendu au plus offrant, au profit de la fabrique.

Enfin, aux matines de Noël on remplissait de charbon les

bers (espèce de réchauds en forme de petits berceaux), de l'église Saint-Martin, pour chauffer les ecclésiastiques et les laïcs qui ne pouvaient endurer le froid pendant les longs offices de cette solennité religieuse.

Ces usages, dont plusieurs frappaient si vivement l'imagination de nos pères, ont cessé d'exister à Doullens. Ainsi disparaissent chaque jour des fêtes, des cérémonies qui n'étaient pas sans intérêt pour l'observateur, pour l'homme qui aime à étudier les mœurs et les anciennes coutumes de son pays.

L'église *Saint-Martin* de Doullens, eut à subir bien des métamorphoses, bien des mutilations pendant la Révolution et sous la République. Devenue seule paroisse de la ville en 1791, on y célébra les services funèbres et les fêtes officielles du temps.

Le 25 avril 1791 on y chanta un *Te Deum* pour le rétablissement de la santé du roi, et le lendemain 26, une messe solennelle en mémoire de *Mirabeau*. Cette messe fut suivie de l'éloge du trop fameux représentant; M. l'abbé Campion, vicaire de la paroisse, lut cet éloge du haut de la chaire, la même qu'on voit encore aujourd'hui et qui est due au ciseau d'un habile menuisier de Doullens, appelé Cozette. L'éloge de Mirabeau avait été composé par le maire de la ville; il se distinguait comme certains discours de l'époque, par de grands mots et surtout par un mélange bizarre du sacré et du profane, dans lequel *Minerve* et la *Parque* étaient citées tour à tour, comme si cet éloge n'eut pas du être prononcé sous les voûtes d'un temple chrétien.

Quelques mois après, le 21 juillet, Saint-Martin fut témoin d'une autre solennité : L'évêque constitutionnel Desbois vint visiter cette église, et y donna la bénédiction, au bruit des cloches et d'une décharge de mousqueterie.

Au mois d'août 1791, les anciens confrères de Saint-Sébastien se rendirent en corps à Saint-Martin pour y déposer le drapeau de leur compagnie, conformément à une loi du 12 juin de l'année précédente. Après l'expression des regrets qu'éprouvaient ces confrères, d'abandonner ainsi l'enseigne, compagne de leurs jeux et de leurs fêtes, elle fut attachée au haut du pilier de la nef, en face de la chaire.

Le 9 juin 1792, Le maire et les officiers municipaux de Doullens firent porter dans l'église de Saint-Martin, seule paroisse conservée, les vases sacrés, une croix, deux encensoirs et leur navette, des reliquaires en argent et plusieurs autres objets destinés à l'exercice du culte, provenant de l'église Notre-Dame qui avait été supprimée. Mais bientôt ces mêmes objets devinrent pour ainsi dire inutiles à l'église Saint-Martin.

Le 19 novembre 1793, en vertu de l'arrêté du représentant André Dumont, on procéda à l'adjudication au rabais de la descente des croix, qui se trouvaient au dessus des chœurs et des clochers des églises de Doullens. Celle de Saint-Martin ne fut pas exceptée : elle perdit alors non-seulement la belle croix, ornée de branches de lys qui surmontait le toit de son abside, mais encore des fragments curieux d'architecture qui furent brisés en enlevant cette croix, et celle non moins remarquable de la flèche.

En 1794, sur le rapport fait au Conseil général de la commune que Saint-Martin était abandonné, et que les prêtres n'y disaient plus la messe, on ordonna la fermeture, *dans le jour*, des portes de cette église, où se trouvaient encore des objets précieux soit en or, soit en argent *qui devoient tourner à l'utilité de la Patrie, étant envoyés à la monnoie.*

A partir de ce moment l'extérieur de Saint-Martin fut

exposé à de regrettables mutilations : « tantôt c'était contre les clochetons, les dais et les niches de son portail que les Vandales s'acharnoient ; tantôt c'éloit sur ses charmantes statues qu'on se ruoit. On n'épargna pas même l'image de *sainte Claire* qui existait sous le porche à gauche, et devant laquelle les voleurs et les adultères faisoient ordinairement amende honorable. C'est ainsi que Saint-Martin fut dépouillé de presque tout ce qui formoit la décoration de sa façade, laquelle n'était pas sans mérite, avant ces brutales dévastations. »

Malgré cet affligeant état de choses, Saint-Martin qui continuait à servir aux réunions des autorités, eut bientôt l'*insigne honneur* (style du temps) d'être érigé en *Temple de la Raison*. L'inauguration de ce temple se fit le 6 ventôse, en présence du représentant André Dumont, accouru exprès d'Amiens pour assister à une *si belle fête*. Après maints-compliments adressés au brave Dumont qui répondit immédiatement du haut de la chaire, alors convertie en tribune aux harangues, un banquet splendide eut lieu dans cette église. On chanta et dansa à la suite de ce festin, sans respect pour la sainteté du lieu.

Peu de temps après Saint-Martin vit changer son titre de *Temple de la Raison*, en celui de *Temple de l'Etre suprême*. La fête qui accompagna ce changement, fit époque dans les annales révolutionnaires de Doullens. Un nombreux cortége se rendit le jour de la solennité dans l'église où l'on remarquait entr'autres choses, deux enfants parfumant l'autel et *de jeunes filles faisant des offrandes de fleurs à l'auteur de la nature, au son d'une musique bruyante.*

Cette étrange parodie des cérémonies si touchantes du culte catholique engagea beaucoup de doullennais, qui fréquentaient encore l'église de Saint-Martin, à n'y plus paraître ; aussi l'agent national de la commune, M. Dusevel, père, fut-il obligé de proposer au Conseil général de Doullens, le 18 octobre 1794, de convoquer désormais au son de la cloche, le bruit du tambour ne suffisant pas, le peuple qui devait assister, dans ce temple, à la lecture des lois et des décrets de la convention nationale.

Pendant ce temps on continuait à dépouiller Saint-Martin de ce que les esprit forts de la petite ville appelaient alors les *hochets du fanatisme*, et le district chargea même, au mois d'avril 1795, un sieur Chaffart, menuisier à Doullens, d'estimer les orgues de cette église, pour les vendre au plus tôt.

Mais, par bonheur pour Saint-Martin, cette vente n'était pas accomplie que des jours meilleurs commencèrent à luire sur cet édifice. Le 18 prairial an III, les habitants de Doullens déclarèrent, en effet, vouloir profiter du décret qui autorisait la réouverture des églises, et demandèrent que celle de Saint-Martin, leur fut rendue pour l'exercice du culte catholique.

Grâce à cette demande le peu d'objets qui se trouvait encore à Saint-Martin fut préservé de la destruction et échappa ainsi au vandalisme.

L'agent national qui, de son côté, avait fait tout son possible pour que l'on restituât à cette église une partie des ornements et des vases sacrés dont on l'avait dépouillée, requit le Conseil général de la commune de nommer deux commissaires à l'effet de se transporter au district et d'y réclamer une cloche « qui aurait dû rester à Saint-Martin » ; mais on ne se hâta pas de faire droit à la demande de ce fonctionnaire.

En 1805, la fabrique voulant effacer les honteux stigmates que la Révolution avait laissés dans cette église et doter d'une nouvelle décoration le sanctuaire, qui était presque nud, passa, le 30 juillet, un marché avec le sieur Lombart maître menuisier rue des *Droits de l'homme* (autrefois de Saint-Michel) , à Doullens, pour l'orner 1° de boiseries avec feuillages et cornes d'abondance ; 2° et de lambris en chêne surmontés de vases que l'on voit encore aujourd'hui. Lombart demanda quatre cents livres pour ces divers ouvrages, et au mois de septembre on chargea le sieur Pilet, peintre de cette ville, de mettre en couleur le cadre du tableau accompagnant le grand autel, les lambris du sanctuaire, les huit vases placés au-dessus de ce lambris, les cadres contenant les portraits des quatre Evangélistes et d'autres ornements, moyennant 500 francs.

L'année suivante Pilet fut encore choisi pour peindre et dorer les rayons de la gloire, les guirlandes des cadres et des vases, ainsi que les autres sculptures désignées dans son devis; il demanda pour ce travail la somme de 255 francs.

Le 11 septembre 1806, on arrêta compte pour les *anges adorateurs*, et le *banc d'œuvre* de Saint-Martin, avec les héritiers de M. Bardoux, ancien curé de cette église. Si ce banc d'œuvre est, ainsi qu'on nous l'a assuré, le même qu'on voit maintenant en face de la chaire, on ne peut le regarder comme un chef d'œuvre ; il masque, en effet, une bonne partie de la nef et présente par sa lourdeur, un coup d'œil désagréable.

L'église Saint-Martin ayant été dépouillée de presque toutes ses cloches, il fallut, après le rétablissement du culte, s'en procurer d'autres. Le 18 avril 1807 on décida d'en faire faire une qui pût être entendue par toute la ville et aux environs, afin d'appeler les fidèles à la prière. On traita pour la fonte de cette cloche (la grosse cloche actuelle) avec le sieur François Gorlier, fondeur à Frévent à raison de 36 sols la livre pesante.

Cinq ans après, on répara en sous-œuvre, le soubassement du collatéral gauche de Saint-Martin, et on exécuta aussi le ragrèement de l'encoignure formée par ce latéral et la chapelle de la *sainte Vierge*; mais les travaux ne furent pas faits avec assez de soin, ni avec assez de goût : on employa la brique au lieu de pierre, ce qui forme un contraste choquant pour les regards.

A la même époque, on fit reblanchir l'intérieur de Saint-Martin ; des prisonniers espagnols furent employés à cet ouvrage : ces prisonniers recevaient un franc par jour, pour leur salaire.

La même année on exécuta quelques embellissements à la chapelle de la *sainte Vierge* et à celle de *saint Nicolas*.

En 1826, on écrivit à M. le Préfet de la Somme, pour faire visiter l'église de Saint-Martin dont le clocher menaçait ruine. Ce ne fut néanmoins que cinq ans plus tard qu'on reconstruisit ce clocher. L'architecte et le charpentier d'Arras, chargés de cette reconstruction, n'ont guère montré d'habileté dans cet ouvrage. Le clocher en question est, en effet, dénué de grâce et d'élégance. Il le cède beaucoup, sous ce rapport, à l'ancienne flèche qui, malgré son inclinaison, par l'effort du vent, décorait bien mieux la toiture de Saint-Martin.

Le 19 juin 1830, le maire de la ville annonça au sous-préfet de Doullens qu'il venait de prendre et faire publier un arrêté, pour interdire le passage par la rue Saint-Martin « à toute voiture attelée *de plus de quatre chevaux* : » c'était la crainte qu'inspirait alors l'état défectueux d'une partie de l'église, qui avait porté le maire à adopter cette mesure de précaution.

Au mois de janvier 1832, cet édifice religieux n'avait que deux cloches : une du poids d'environ 500 kilogrammes, et une autre plus petite qui en pesait à peu près 100.

Cette sonnerie étant jugée insuffisante pour pouvoir distinguer les différents offices, et être entendue dans tous les quartiers de la ville, on résolut d'acheter une troisième cloche ; mais comme le coût de cette cloche devait s'élever à 2,200 francs, et que l'on manquait d'argent, l'église de Doullens continua jusqu'à ce jour à n'avoir que deux cloches.

Au mois de février 1843, l'organiste de Saint-Martin, M. Bardoux, ayant signalé à M. le Curé de cette église, le mauvais état de l'orgue, il fallut songer à sa restauration. On la confia au sieur Charles Lefebvre qui avait parfaitement réparé celui de Saint-Vulfran d'Abbeville, l'état estimatif des travaux à faire, s'élevait à 2,705 fr. 50 c. Lefebvre termina ces travaux en 1844, à la satisfaction des marguilliers, et il obtint même une augmentation de 300 francs, sur la somme de 627 fr. 35 c. qu'il avait réclamée, outre la somme principale, pour travaux imprévus.

En 1847, on forma de nouveaux projets d'embellissements pour Saint-Martin et ses deux chapelles. M. le Curé-Doyen de cette église m'écrivit alors, afin d'avoir, sur ces embellissements, mon avis comme inspecteur des monuments historiques du département de la Somme. Je m'empressai de lui donner cet avis, l'église Saint-Martin étant celle de mon pays natal.

Les embellissements projetés n'étaient pas encore exécutés au mois de juillet 1849 ; et M. le Curé m'adressa une autre lettre au sujet des boiseries des chapelles de la *sainte Vierge* et de *saint Nicolas* qu'on se proposait de faire peindre et dorer, à cause des différences de teintes et des défauts qu'offrait le bois.

Je me hâtai de transmettre à M. le Curé de Doullens de nouvelles observations sur ces peintures et dorures, dans une lettre que je lui écrivis le 22 du même mois.

En 1850, on fit restaurer le grand tableau du maître-autel représentant *l'adoration des Mages*, peint par Gontier d'Amiens en 1749 (1). L'artiste auquel on confia cette restauration, remplaça aussi les quatre Évangélistes exécutés précédemment par Pilet. Le peintre choisi était M. Letellier, aujourd'hui professeur de l'école de dessin d'Amiens : Il s'acquitta habilement de ces ouvrages pour la somme de 850 fr.

Au mois de juillet 1853 on renouvella les peintures et dorures du sanctuaire de Saint-Martin : Edouard Cresson, peintre à Doullens, se chargea de ce travail moyennant 800 francs.

Trois ans après on fit dans le chœur de la même église un nouveau pavage en carreaux noirs et gris de marbre de Boulogne. Deventer, marbrier à Amiens, demanda pour ce pavé 14 francs, le mètre carré, pose et transport compris.

Le 12 novembre 1857, M. Randoing, député de l'arrondissement de Doullens, au corps législatif, annonça le prochain envoi d'un tableau représentant saint Martin, peint par Mlle Lesueur, de Paris, pour décorer l'église de Doullens. L'intention de ce député était bonne, excellente même ; mais l'œuvre était de peu de valeur et fort médiocre. Quoiqu'il en soit, des remercîments furent votés à M. Randoing, et la toile en question se trouve aujourd'hui contre le mur du bas-côté droit, où elle attend, sans doute, que Son Excellence le Ministre des Beaux-Arts accorde à l'église quelque tableau d'un plus grand prix, pour la remplacer.

En 1858, on reconnut que le beau sépulcre, qui se trouve

---

(1) Ce tableau qui occupe le fond du sanctuaire et a plus de six mètres de hauteur, pourrait-être remplacé avantageusement par une belle vitre peinte.

au fond de la *chapelle de saint Nicolas,* ne pouvait guère être vu par les habitants de la ville et les étrangers qui visitent l'église Saint-Martin, parce que la porte du local contenant ce sépulcre était presque toujours fermée ; que cependant ce curieux morceau de sculpture de la fin du XVI° siècle, méritait de servir ostensiblement à la décoration de l'édifice ; on décida, en conséquence, d'aviser au moyen de le changer de place ; mais jusqu'à ce jour cette résolution n'a pas encore eu de suite. Seulement, au mois de septembre 1863, M. le duc de Luynes, membre de l'Institut, étant venu à Doullens, et ayant visité avec moi, le sépulcre de Saint-Martin, nous trouvâmes qu'il méritait de figurer parmi les monuments historiques, du département, étant remarquable sous le double rapport de l'art et du costume des personnages qui entourent le corps du Christ. En conséquence, d'après mon rapport, le Ministre des Beaux-Arts fit inscrire notre sépulcre sur la liste de ces monuments, et informa officiellement de sa décision, M. le Conseiller d'Etat, Préfet de la Somme, au mois de février 1864. Deux ans auparavant, en 1862, on avait réparé une partie de la voûte de la *chapelle de saint Nicolas,* et consolidé le pignon du transsept droit, qui semblait se détacher vers le sommet.

Nous arrivons ainsi à l'année 1864, époque où les paroissiens de Saint-Martin et d'anciens habitants de Doullens, stimulés par le généreux exemple que donna alors M. le Curé-Doyen de cette ville, et grâce aux démarches actives de ses deux vicaires (MM. les abbés Capiémont et Legay), souscrivirent avec le plus louable empressement à l'achat de vitraux peints, pour orner cette église dans laquelle il s'en trouvait autrefois de magnifiques. Déjà *le Baptême de Jésus-Christ par saint Jean ; la Présentation de la sainte Vierge au Temple ;*

la Cène ; la Sainte-Famille ; la descente du Saint-Esprit sur les Apôtres ; et l'Assomption de la sainte Vierge, représentés sur les six premières vitres, exécutées au Mesnil-Saint-Firmin, avec le don du zélé pasteur et la souscription des paroissiens de Saint-Martin, semblent annoncer que cet édifice religieux ne tardera plus à recouvrer le bel aspect qu'il devait présenter avant d'avoir perdu cet ornement transparent qui plait à l'œil, et rappelle, sous l'éclat de brillantes couleurs, les principaux faits de l'Écriture-Sainte.

La première vitre du bas-côté droit représentant *sainte Rose de Lima, saint Adrien et saint Hyacinthe,* a été offerte à l'église en 1866 par nous et un membre d'une très illustre famille de l'arrondissement de Doullens, M. le comte de Mailly, prince d'Orange, fils de l'infortuné maréchal de France, Augustin de Mailly, qui fut décapité à Arras, pendant les jours néfastes de 93 (1).

Les nouveaux dons que ne manqueront pas de faire les fidèles, permettront sans doute de compléter bientôt une œuvre d'art si heureusement commencée, et à laquelle ont pris part, à notre recommandation, des hommes honorables tels que le comte de Mailly, ancien pair de France, le marquis de Godefroy-Menil-Glaise. qui fut sous-préfet de Doullens, le savant abbevillois, M. Boucher de Perthes, le comte de Banastre, fils d'un ancien maire de Doullens, etc., etc.

Dans cette courte notice sur Saint-Martin, nous n'avons voulu offrir qu'une idée, qu'un aperçu de l'état ancien et de l'état moderne de cette église. Nous avons donc passé sous

---

(1) Un des aïeux de M. de Mailly, M. Alexandre Victor de Mailly, comte de Rubempré, fut parrain, dans cette église, avec Mme la princesse de Beurnonville.

silence bien des détails qui la concernent ; mais nous croyons pouvoir dire, avec vérité, que nous sommes le premier qui ait tenté de reconstituer les annales, l'histoire de Saint-Martin, à l'aide des documents inédits que M. le Curé de Doullens avait eu l'obligeance de nous communiquer.

FIN.

IMP. DE LENOEL-HEROUART.

www.ingramcontent.com/pod-product-compliance
Lightning Source LLC
Chambersburg PA
CBHW071436030726
47594CB00006B/2753